BOEKANALYSE

Bekentenissen
van een gemaskerde
• • • • • • • • • • • • • • • •

Yukio Mishima

BOEKANALYSE

Geschreven door Natalia Torres Behar
Vertaald door Nikki Claes

Bekentenissen
van een gemaskerde

• •

YUKIO MISHIMA

YUKIO MISHIMA

JAPANSE ROMANSCHRIJVER, DICHTER EN TONEELSCHRIJVER

- **Geboren in Tokyo in 1925.**

- **Overleden in Tokyo in 1970.**

- **Literaire prijzen:**

  - Shincho prijs, 1954 (voor *The Sound of Waves*)

  - Yomiuri prijs voor beste roman, 1956 (voor *De Tempel van het Gouden Paviljoen*)

- **Opmerkelijke werken:**

  - *De Tempel van het Gouden Paviljoen* (1956), roman

  - *The Sailor Who Fell from Grace with the Sea* (1963), roman

  - *De zee van vruchtbaarheid* (1969-1971), tetralogie

Yukio Mishima het pseudoniem van Kimitake Hiraoka, een van de belangrijkste Japanse schrijvers van de 20e eeuw. Zijn werk was zeer gevarieerd, variërend van toneelstukken in de klassieke Japanse Noh-stijl en romans tot literaire fictie en scenario's. Bovendien bleef zijn carrière niet beperkt tot schrijven: Hij was ook acteur, model, beoefenaar van karate en kendo, componist, dirigent, politiek activist en oprichter van een privé-militie.

De belangrijkste figuur in Mishima's jeugd was zijn grootmoeder Natsuko, die hem tijdens zijn vroege jeugd enkele jaren van zijn directe familie scheidde en hem in bijna volledige afzondering opvoedde, waarbij ze hem urenlang alleen met zijn poppen liet spelen. Natsuko was geobsedeerd door de dood en haar connecties met de aristocratie, en beide eigenschappen hadden een duidelijke invloed op de persoonlijkheid van de toekomstige schrijver. Toen Mishima 12 was, werd hij teruggebracht naar zijn ouders. De rest van zijn opvoeding werd gedomineerd door zijn vader, een overheidsfunctionaris die geobsedeerd was door discipline en patriottisme, wat ook tot uiting komt in zijn literaire productie. De crisis waarin Japan na de Tweede Wereldoorlog belandde leverde ook veel inspiratie op voor Mishima's schrijven, en hij onderzoekt vaak de nauwe relaties tussen lichaam en geest en iemands leven en werken.

Mishima bezocht zijn leven lang homobars, maar hij hield zijn aantrekkingskracht voor mannen geheim vanwege de intolerante houding van het tijdperk waarin hij leefde. In 1958 trouwde hij met Yoko Sugiyama, en samen kregen ze twee kinderen.

In 1968 richtte Mishima de Tatenokai ("Shield Society") op, een kleine privé-militie waarvan hij de commandant was en die gezworen had de keizer (of, om precies te zijn, de figuur van de keizer) te beschermen. Op 25 november 1970 drongen Mishima en vier andere leden van de Tatenokai het kantoor van een hooggeplaatste commandant van het Japanse leger binnen, bonden hem vast aan zijn stoel en hielden een toespraak voor de soldaten die onder het balkon van het kantoor bijeen waren om hen aan te sporen de macht te grijpen en de keizer weer aan de macht te brengen. Zijn toespraak werd echter beantwoord met hoongelach, dus keerde hij terug naar het kantoor van de commandant en pleegde *seppuku* (rituele zelfmoord) met de hulp van de andere leden van de militie.

BEKENTENISSEN VAN EEN GEMASKERDE

EEN VERKENNING VAN INNERLIJKE ONRUST

- **Genre:** roman/autobiografie

- **Referentie-uitgave:** Mishima, Y. (2007) *Confessions of a Mask.* Trans. Weatherby, M. Londen: Peter Owen.

- **1e editie:** 1949

- **Thema's:** beeldspraak, schoonheid, kindertijd, herinnering, dood, seksualiteit

Bekentenissen van een gemaskerde was Mishima's eerste literaire succes. Deze duistere roman heeft de vorm van de biografie (of misschien wel autobiografie, zoals we later in deze gids bespreken) van een jonge jongen die geobsedeerd is door de dood en seks.

In de loop van de roman ontdekt de jongen zijn homoseksualiteit via een reeks vreemde, intense ontmoetingen die worden gekenmerkt door dromen, bloederige maar serene beelden uit de klassieke kunst en de drukte van de stad om hem heen. Hij wordt echter gedwongen zijn impulsen te verbergen achter een masker van normaliteit en sociaal aanvaardbaar gedrag.

SAMENVATTING

EEN ZIEKELIJKE JEUGD

Dit is geen roman die de lezer in de kaart speelt. Vanaf de openingszin worden we er scherp op gewezen dat Kochan, de hoofdpersoon, weliswaar een ziekelijke jongen is, maar dat hij de volwassen geest van een volwassene heeft: "Vele jaren lang heb ik beweerd dat ik me dingen kon herinneren die ik bij mijn eigen geboorte had gezien" (p. 1).

Kochan wordt op zeer jonge leeftijd van zijn ouders gescheiden, omdat zijn grootmoeder vindt dat zij hem moet opvoeden. Ze houdt de ziekelijke maar leergierige jongen opgesloten in een kleine kamer, waar hij met poppen mag spelen met zijn nichtjes. Hij heeft geen andere keus en brengt zijn tijd door met lezen en het observeren van de wereld om hem heen. Terwijl hij opgaat in deze observatie, maakt één beeld een bijzonder sterke indruk op hem, hoewel hij niet zeker weet waarom: een gespierde jongeman, die over straat stapt en emmers met uitwerpselen op een juk over zijn schouders draagt. Hij is vooral gefascineerd door het beeld van zijn bevlekte blauwe spijkerbroek, en wenst dat hij de plaats van de man zou kunnen innemen en als nachtploeg zou kunnen werken.

Dit is niet de enige ervaring die tot de verbeelding van Kochan spreekt: hij is ook gefascineerd door een afbeelding van een middeleeuwse ridder die van Jeanne d'Arc blijkt te zijn en door de geur van die rond een militaire troep hangt, en hij droomt vaak van doden of gedood worden, wat hem een ontluikend verlangen geeft om het moment van de dood in werkelijkheid te ervaren. Deze ervaringen blijken vormend te zijn voor de jonge hoofdpersoon.

 ## WIST JE DAT?

Mishima probeerde dienst te nemen in het leger toen de Tweede Wereldoorlog uitbrak. Maar door zijn zwakke gestel (dat vergelijkbaar was met dat van Kochan) en de verkoudheid die hij tijdens zijn medische keuring opliep, werd zijn aanvraag afgewezen.

DE PIJL VAN SINT SEBASTIAAN

Naarmate Kochan ouder wordt, wordt de dood de centrale obsessie in zijn leven. Maar, zoals we verderop in deze gids nader zullen onderzoeken, associeert hij de dood niet alleen met geweld en verval, maar ook met erotiek en seksualiteit. Met name in een van de meest memorabele scènes van de roman (die plaatsvindt nadat hij 12 jaar is geworden, de zorg van zijn grootmoeder heeft verlaten en naar school is gegaan), kijkt Kochan in een van de boeken van zijn vader met foto's van Italiaanse beelden en kunst, en ontdekt hij een beeld dat hem volkomen in vervoering brengt: *Sint Sebastiaan* door Guido Reni.

Kochan is diep getroffen door dit beeld, en voor het eerst in de roman wordt zijn homoseksualiteit duidelijk gemaakt, in plaats van dat er alleen maar naar wordt verwezen als een latente onderstroom door zijn kindergedachten loopt: "Die dag, op het moment dat ik de afbeelding zag, trilde mijn hele wezen van een heidense vreugde. Mijn bloed steeg op; mijn lendenen zwollen als in toorn" (p. 40). De vorige keren dat een bepaald beeld of een bepaalde geur tot Kochan's verbeelding sprak, bleef de impuls of het verlangen dat daaruit voortvloeide altijd naamloos en leek het hem bijna irrationeel. Wanneer hij het beeld van *Sint Sebastiaan* ziet, kan hij voor het eerst het verlangen identificeren dat het in hem opwekt. Dit verlangen is zelfs zo sterk dat de stem achter het masker een prozagedicht schrijft waarin hij het beeld en zijn verlangen ernaar beschrijft, en het schilderij inspireert hem om voor het eerst te masturberen en te ejaculeren.

GEEST EN LICHAAM

Als tiener wordt Kochan verliefd op de jongen Omi van zijn school. Kochan kan zijn gedachten, gevoelens en passie onmogelijk onderdrukken; integendeel, ze worden allesoverheersend en hij raakt al snel geobsedeerd door verschillende delen van Omi's lichaam. Deze obsessies zijn echter niet noodzakelijk seksueel van aard: Hij is bijvoorbeeld gefascineerd door Omi's oksel.

Omi is niet zo geestelijk begaafd als Kochan, maar hij is sterk en zeer mannelijk. Elk contact met hem, hoe vluchtig ook, geeft Kochan een kick. Zo bedenkt hij strategieën de spelletjes Dirty met de andere jongens op school, met als doel je tegenstander te besluipen en zijn geslachtsdelen te grijpen. Dit wordt gevolgd door een episode die zich afspeelt op een koude wintermiddag, waarbij Omi Kochan's wangen aanraakt met door de sneeuw verkleumde handen. Vanaf dit moment weet Kochan zeker dat hij verliefd is op Omi.

Kochan lijdt aan bloedarmoede en krijgt koortsdromen. In een van deze dromen stelt hij zich voor dat hij de leider is van een gladiatorenkamp, waar de gladiatoren elkaar voor zijn vermaak vermoorden en hun levenloze lichamen het middelpunt van een aantal gruwelijke ceremonies. In een andere droom stelt hij zich een elegant banket voor waar de gasten zich tegoed doen aan het lijk van een van zijn klasgenoten. Kochan kust de mond van het lijk en beveelt hem rechtop te leggen zodat zijn naakte borst te zien is.

TEGEN DE STROOM IN GAAN

Kochan zit nu op de universiteit, en is nog steeds verscheurd tussen het accepteren en bestrijden van zowel zijn sadistische neigingen als zijn homoseksualiteit. Hij verleidt zelfs een vrouw genaamd Sonoko en probeert zichzelf verliefd op haar te maken, en aanvankelijk vindt hij het gemakkelijk om zijn ware gevoelens te verbergen; hij overtuigt zichzelf er zelfs van dat hij heteroseksueel is geworden. Wanneer ze elkaar echter voor het eerst kussen, wordt het overduidelijk dat zijn obsessies nog altijd even sterk zijn. Ze gaan uit elkaar na de Tweede Wereldoorlog, waarin Kochan een administratieve baan krijgt in een vliegtuigfabriek, waar hij niet aan zijn eigen gedachten kan ontsnappen. Op een nacht bezoekt hij een bordeel om te zien of hij in staat is verlangens naar een vrouw te voelen, tevergeefs, en vele jaren later ontmoet hij Sonoko, die inmiddels getrouwd is, een laatste keer.

KARAKTERSTUDIE

Bij de analyse van de personages in *Bekentenissen van een gemaskerde is* het belangrijk om er rekening mee te houden dat, zoals de titel van het boek al aangeeft, het boek draait om één personage dat tevens fungeert als de lens waardoor we alle andere personages bekijken. Dit centrale personage heeft echter twee persoonlijkheden: het titulaire "masker" dat hij draagt om in de maatschappij te passen, en zijn aangeboren aard, die verborgen veel minder duidelijk is.

KOCHAN

Er zijn een aantal overeenkomsten tussen Kochan en Mishima; Het is zelfs zeer waarschijnlijk dat het karakter van Kochan een soort alter ego van de auteur is. Hij is meer dan de hoofdpersoon van de roman: Hij is het enige personage in het verhaal dat er echt toe doet, omdat zijn grenzeloze ego zelfs de meest onbelangrijke gebeurtenissen tot in het kleinste detail analyseert om ze vervolgens door de lens van de perversie te filteren. Gezien door Kochan's obsessieve, sadistische ogen lijken de andere personages meer op marionetten die aan touwtjes dansen dan op driedimensionale individuen, en Kochan geeft de lezer vaak ruwe, minutieus gedetailleerde interpretaties van wat ze zouden kunnen voorstellen.

Kochan fungeert niet alleen als de lens waardoor de lezer de andere personages bekijkt, maar speelt ook de dubbele rol van masker en persoon achter het masker, en ontwikkelt intense obsessies met schoonheid, kracht en dood die, naarmate hij ouder wordt, steeds meer worden gedefinieerd door en uitgedrukt in taal. Deze obsessies komen echter voortdurend in conflict met zijn verlangen om door de maatschappij geaccepteerd te worden. Als gevolg daarvan presenteert hij zich, hoewel zijn gedachten en schrijfstijl vol extravagante versieringen zitten, tegenover de rest van de wereld als een uiterst verlegen en in zichzelf gekeerd individu, dat zelden met iemand anders spreekt. Ook zijn lichaam is niet meer dan het zwakke, haveloze masker dat een krachtige, maar verborgen stem herbergt die de wereld om hem heen voortdurend analyseert en bekritiseert. In feite kan Kochan misschien beter worden vergeleken met een kunst- of literatuurcriticus wiens schrijven en denken wordt geïnspireerd door de beelden en mensen om hem heen dan met een schrijver van fictie wiens inspiratie van binnenuit komt.

KOCHAN'S GROOTMOEDER

De grootmoeder van Kochan krijgt nooit een naam. Zij is een vreemd personage, dat vooral in de eerste bladzijden van de roman voorkomt en bijzonder trots is op haar adellijke afkomst. Zijn grootvader daarentegen is van bescheidener afkomst en heeft zijn eigen fortuin gemaakt door riskante zakendeals. Kochan's grootmoeder voedt hem op tot hij 12 jaar oud is, en in die tijd houdt ze hem afgezonderd, met niets om hem te vermaken behalve poppen en de vrouwenkleding die hij draagt. Ze is een tegenstrijdige figuur, want ze is autoritair en streng, maar ook verwend en extravagant, en haar zorg blijkt een krachtige invloed te hebben op Kochan's eigen persoonlijkheid.

OMI

Het personage van Omi staat in schril contrast met Kochan: terwijl Kochan's persoonlijkheid complex en veelzijdig is en gedeeltelijk verborgen gaat achter het masker van een nutteloos lichaam, lijken de andere personages meer op louter lichamen zonder ook maar het kleinste sprankje leven dat schuilgaat achter de maskers die ze dragen. Hoewel Kochan niet precies de rol speelt van een poppenspeler die deze holle schalen naar zijn pijpen laat dansen, besteedt hij wel zijn tijd aan het voortdurend evalueren van hen, en vooral Omi lijkt bijna een lichaam zonder ziel. Hoewel hij niet intelligent is, is hij zeer mannelijk, en heeft hij een gespierd postuur als dat van de nachtzieke man die Kochan als kind zag. Omi is echter ook doordrongen van een soort jongensachtige onschuld: terwijl hij met zijn vrienden speelt om te zien wie het beste is in het grijpen van de testikels van zijn klasgenoten (Omi wint altijd), kijkt Kochan alleen maar toe en analyseert hen. In deze situatie is Omi het object van verlangen: hij spreekt niet, en zijn gedachten worden de lezer nooit duidelijk gemaakt. Hij is gewoon het kanaal waardoor Kochan zijn verlangens kan uiten – in feite is zijn rol in de roman gewoon het tastbare equivalent van de levenloze beelden die eerder Kochan's verlangens hebben gewekt, zodat hij deze verlangens kan projecteren op een andere levende, ademende persoon.

SONOKO

Hoewel Kochan merkt dat hij uiteindelijk niet verliefd kan worden op Sonoko of verlangen naar haar voelt, speelt zij wel een essentiële rol in het verhaal, omdat zij als katalysator fungeert voor zijn besef dat hij zijn persoonlijkheid en gedachten niet kan ontvluchten of onderdrukken. Toch probeert hij zichzelf er aanvankelijk van te overtuigen dat hij verliefd is op Sonoko, en zijn relatie met haar lijkt op een gegeven moment zelfs zijn visie te veranderen:

> "In heel mijn leven was mijn hart nog nooit zo geraakt door de aanblik van de schoonheid van een vrouw. Mijn borst klopte; ik voelde me gelouterd. De lezer die mij tot zover gevolgd heeft, zal waarschijnlijk weigeren iets te geloven van wat ik zeg. Hij zal aan mij twijfelen omdat er geen verschil lijkt te zijn tussen mijn kunstmatige en onbeantwoorde liefde voor Nukada's zuster en het kloppen van de borst waarover ik nu spreek, omdat er geen duidelijke reden lijkt te zijn waarom ik alleen bij deze gelegenheid mijn emoties niet zou hebben onderworpen aan de genadeloze analyse die ik in het eerste geval had gebruikt." (p. 142)

Sonoko fungeert als een keerpunt en een bevestiging voor Kochan, maar ze vertegenwoordigt ook een ander aspect van schoonheid: hoewel ze mooi is, zoals Omi en het schilderij *Sint Sebastiaan*, voelt Kochan zich niet tot haar aangetrokken. In die andere gevallen leken zijn aantrekkingskracht en daaropvolgende obsessies te worden geleid door een soort morbide impuls, terwijl Kochan's denkprocessen er in dit geval niet toe leiden dat hij haar schoonheid perverteert of seksualiseert, maar haar puur laten.

ANALYSE

FORMULIER

Roman of autobiografie?

In termen van genre is de belangrijkste vraag bij de analyse van *Bekentenissen van een gemaskerde* de vraag of het een fictieve roman of een autobiografie is. De roman bevat zeker autobiografische elementen uit Mishima's eigen leven, zoals zijn vroege jeugd met zijn grootmoeder en zijn geheime homoseksualiteit, maar het simpelweg tellen van de raakvlakken tussen fictie en het echte leven is uiteindelijk een zinloze exercitie. In plaats daarvan zullen we ons in dit deel concentreren op de manieren waarop dit genre is opgebouwd.

Bekentenissen van een gemaskerde is geschreven in de eerste persoon, wat een belangrijke keuze is van de auteur, omdat het de lezer een veel dieper inzicht geeft in de persoonlijkheid en zienswijze van de hoofdpersoon, en het personage de mogelijkheid biedt expliciet te vertellen over zijn leven en de dingen die hij heeft gedaan. Deze schrijfstijl gaat terug tot de *Belijdenissen* (ca. 397-400) van de heilige Augustinus (354-430), een spirituele autobiografie waarin de heilige zijn vroegere zondige leven beschrijft en hoe hij God leerde kennen.

Mishima's bedoeling bij het schrijven van *Confessions of a Mask* lijkt misschien vergelijkbaar: het beschrijven van een keerpunt in iemands leven dat hem de kans geeft om van het ene ding in het andere te veranderen. Deze vergelijking is echter niet helemaal passend, want hoewel *Bekentenissen van een gemaskerde* in bepaalde opzichten een echo is van de *Belijdenissen* van Sint Augustinus, is het proces omgekeerd. In plaats van een duidelijk omschreven driedelige structuur te volgen die uit een zondig leven, een transformatie en hervormd gedrag, blijft Mishima's hoofdpersoon gewoon steeds meer obsessies ontwikkelen en wijst hij de mogelijkheid tot transformatie af (of beter gezegd, komt hij tot de conclusie dat transformatie onmogelijk is). Hoewel de verandering in Kochan's manier van denken wanneer hij Sonoko ontmoet de lezer doet denken dat hij zal veranderen en verliefd zal worden op een vrouw, duurt deze schijnbare verandering niet lang.

Met andere woorden, transformatie is voor de hoofdpersoon van deze roman nooit een permanente zaak. Hoewel het gebruik van het woord "bekentenissen" in de titel zou kunnen worden geïnterpreteerd als een teken dat Kochan een transformatie zal ondergaan (aangezien bekentenissen gewoonlijk worden geassocieerd met de intentie om te veranderen), komt dit nooit echt tot stand. Als we de structuur van *Bekentenissen van een gemaskerde* vergelijken met de driedelige structuur die in de *Belijdenissen* van Sint Augustinus wordt gebruikt, kan deze als volgt worden samengevat: de hoofdpersoon is geobsedeerd door schoonheid, seks en de dood; zijn normale leven wordt overhoop gegooid wanneer hij een vrouw ontmoet; Hij zet de vrouw uit zijn hoofd en gaat weer terug naar zijn obsessie voor schoonheid, seks en de dood.

De roman is ook behoorlijk avant-gardistisch, ook al lijkt dat op het eerste gezicht niet zo. In veel opzichten is het een product van zijn tijd: het houdt zich niet aan de principes van logisch redeneren, omdat het werd geschreven in een tijd waarin mensen over de hele wereld niet meer zeker waren van hun eigen identiteit als gevolg van de onrust die werd veroorzaakt door de Tweede Wereldoorlog, de toegenomen seksuele bevrijding, de opkomst van de psychoanalyse en nieuwe manieren om de wereld te zien.

Kortom, *Bekentenissen van een gemaskerde* is geen bekentenis in de conventionele zin van het woord, en het verhaal dat het vertelt volgt zelfs niet de traditionele vertelstructuur van begin, midden en einde. In plaats daarvan verkent de roman verschillende denkrichtingen binnen de grenzen van een specifiek perspectief. In feite is het niet zozeer een verhaal als wel een verkenning van de psyche van de hoofdpersoon, die de taal gebruikt als middel om de diepten van de menselijke ziel te doorgronden en alle eigenaardigheden die daar op de loer liggen aan het licht te brengen.

De stem van het masker

Zoals we reeds vermeld, wordt *Confessions of a Mask gekenmerkt* door een zeer specifieke vertelstem die de wereld observeert en herkauwt. In dit hoofdstuk zullen we proberen deze stem te definiëren door drie aspecten van de roman en zijn taalgebruik te analyseren: ten eerste het thema van het geheugen, ten tweede beeldspraak en ten derde de schrijfstijl.

Ten eerste is het interessant om op te merken dat Kochan zijn levensverhaal in het heden vertelt, hoewel we nooit te horen krijgen wanneer dat precies is, aangezien Kochan geen enkel aspect van zijn huidige leven noemt. Aangezien de hele roman is geschreven in de vorm van herinneringen aan gebeurtenissen uit het verleden die de hoofdpersoon hebben gevormd tot de persoon die hij nu is, kunnen we zeggen dat de vertelstem van de roman in plaats wordt bepaald door het vertrouwen in de herinnering.

Ten tweede gaan deze herinneringen altijd gepaard met beelden, zoals een illustratie in een boek of een foto, die de herinnering vorm en grond geven. Bijna alle jeugdherinneringen van Kochan zijn gekoppeld aan een of andere vorm van kunst, meestal in de vorm van een kopie of een replica, zodat de vertelstem van de nauwkeuriger kan worden door het gebruik van in een beeld gerepliceerde voorwerpen; dit beeld wordt dan gefixeerd in het geheugen van de verteller en krijgt een betekenis.

Ten slotte is deze wisselwerking tussen beeld en herinnering ook nauw verbonden met de handeling van het schrijven; zo schrijft Kochan, kort nadat hij het schilderij van *Sint Sebastiaan* heeft gezien, een prozagedicht van enkele pagina's om zijn gedachten over het schilderij en zijn obsessie ervoor te onderzoeken. Met andere woorden, we kunnen het vertelproces van de roman als volgt omschrijven: objecten worden gerepliceerd in beelden, die vervolgens door de verteller worden herinnerd, waardoor het denkproces ontstaat dat leidt tot de daad van het schrijven en daardoor de vertelstem bepaalt die door het "masker" wordt gebruikt. Zo kan Kochan zijn innerlijke wereld met de lezer delen in de vorm van een verhandeling over dood, schoonheid en erotiek, geschreven in de stijl van een literaire kritiek.

THEMA'S

Beeldspraak en schoonheid

Zoals we al hebben gezegd, is de beeldspraak de belangrijkste bron van de gedachten die de vertelstem voeden. Over het algemeen is Mishima's schrijfstijl zeer visueel: zo opent zijn laatste roman *Het verval van de engel* (1971) met een prachtige beschrijving van de zon die opkomt boven een haven, waarbij meerdere pagina's wijdt aan het beeld van de schittering van het zonlicht door de golven wordt weerkaatst en waardoor de lezer zo opgaat in de beschreven scène dat hij de zeebries op zijn wang bijna kan voelen.

In *Bekentenissen van een gemaskerde worden* beelden gepresenteerd als de ultieme bron van schoonheid. Maar, zoals meteen aan het begin duidelijk wordt gemaakt door de epigraaf van de roman, ontleend aan *De gebroeders Karamazov* (1880) van Fjodor Dostojevski (Russische schrijver, 1821-1881), schoonheid is niet inherent moreel en kan zowel goed als kwaad zijn. Met andere woorden, schoonheid kan worden gevonden in iets zo puur als de glimlach van een pasgeboren baby, of in iets zo destructief als de rookspiralen die opkrullen van een dodelijke explosie. Dit idee wordt in de roman meerdere malen verkend, zoals wanneer Kochan in staat is schoonheid te vinden in de dood van een van zijn klasgenoten en in uitwerpselen.

In de roman wordt het idee van schoonheid vaak gekoppeld aan verschijnselen, objecten en wezens die aan het vergaan zijn. Mishima dit idee verder in *De tempel van het gouden paviljoen* (1956), een roman over een monnik die zo geobsedeerd is door een prachtige tempel dat hij besluit deze af te branden zodat hij niet langer wordt achtervolgd door de aanblik ervan. In Mishima's schrijven leidt schoonheid tot obsessie en moet daarom worden vernietigd.

Mooie beelden zijn een constante in *Confessions of a Mask*, maar deze beelden zijn meestal kopieën of replica's, zoals foto's van beelden of illustraties in een boek. Het is alsof Kochan niet in staat is schoonheid uit de eerste hand te ervaren door direct contact met de bron; in plaats daarvan moet hij zich tevreden stellen met slechts een echo ervan.

Kinderjaren en herinnering

Kinderjaren en herinneringen worden duidelijk gepresenteerd als twee van de kernpunten van de roman. Het hele verhaal wordt verteld vanuit het perspectief van de herinnering, en de belangrijkste elementen van Kochan's persoonlijkheid blijken tijdens zijn jeugd te ingeprent.

Deze twee aspecten van de roman zijn nauw met elkaar verbonden, aangezien de kindertijd vaak de bron is van onze meest dierbare herinneringen. Bovendien, hoewel de hele roman vakkundig in elkaar zit, zijn de episodes die zich afspelen tijdens Kochan's jeugd bijzonder boeiend, en geven ze de lezer een opvallend inzicht in de vormende ervaringen die aanleiding gaven tot de huidige obsessies, eigenaardigheden, duistere gedachten, seksuele impulsen en vitaliteit van de verteller.

Evenzo worden Kochan's jeugdherinneringen op een versnipperde, chaotische manier gepresenteerd, wat de manier weerspiegelt waarop hij niet in staat was de ontluikende verlangens en seksuele impulsen die hij in die jaren ervoer, te begrijpen of te verwoorden:

> *"De blik die ik op de jongen wierp was ongewoon nauw voor een kind van vier. Hoewel ik het toen niet duidelijk zag, vertegenwoordigde hij voor mij mijn eerste openbaring van een zekere macht, mijn eerste oproep door een zekere vreemde en geheime stem. Het is veelzeggend dat deze zich voor het eerst aan mij manifesteerde in de vorm van een nachtbodem-man: uitwerpselen zijn een symbool voor de aarde, en het was ongetwijfeld de boosaardige liefde van de Moeder Aarde die mij riep." (p. 8)*

Omdat Kochan nog te jong is om enig begrip van seks te hebben, kiest hij er onbewust voor om zich te fixeren op de broek van de man in plaats van op een meer openlijk aspect van zijn uiterlijk, en voelt hij zich in het algemeen aangetrokken tot voorwerpen die fungeren als fallische symbolen:

> *"Ik kan me duidelijk herinneren dat mijn verlangen twee brandpunten had. Het eerste was zijn donkerblauwe "thigh-pullers" [...] De nauwsluitende jeans omlijnde duidelijk de onderste helft van zijn lichaam, dat zich lenig bewoog en rechtstreeks naar mij toe leek te lopen. Een onuitsprekelijke adoratie voor die broek ontstond in mij. Ik begreep niet waarom." (p. 9)*

Schrijvers als Lacan (2001) hebben gesuggereerd dat de verlangens van kinderen, net als hun lichaam, niet volledig gevormd zijn: ze zijn gewoon een verzameling richtingloze impulsen die niet via taal kunnen worden uitgedrukt. Evenzo worden Kochan's jeugdverlangens uitgedrukt in verwarde zinnen en vreemde, schijnbaar niet met elkaar verbonden herinneringen. In feite bestaat de hele roman uit herinneringen en vormeloze verlangens die worden beschreven in een onconventionele schrijfstijl die de aard van deze gevoelens weerspiegelt als iets dat buiten de grenzen van de maatschappelijke conventies valt.

Dood en seksualiteit

Kochan ziet seksualiteit niet als een eenvoudige zaak die kan worden teruggebracht tot zoiets simpels als voortplanting of genot: voor hem is het veel complexer dan dat. Seks is nauw verbonden met de dood, met name door Kochan en zijn passiviteit. De roman bevat geen seksscènes in conventionele zin; integendeel, het thema seks komt in de roman alleen voor via beeldspraak en de verbeelding van de hoofdpersoon. Bovendien, aangezien masturbatie geïnspireerd door beeldspraak de enige seksuele handeling is die in de roman wordt verricht, is het reproductieve element van seks volledig afwezig.

In plaats daarvan is seks in Kochan's gedachten onlosmakelijk verbonden met de dood:

> "Daar, in mijn moordtheater, offerden jonge Romeinse gladiatoren hun leven op voor mijn vermaak; en alle sterfgevallen die daar plaatsvonden moesten niet alleen overvloeien van bloed, maar ook met alle gepaste ceremonie worden uitgevoerd. Ik genoot van alle vormen van doodstraf en alle executiemiddelen." (pp. 92-93)

Dit citaat maakt duidelijk dat spektakel en theatraliteit ook sleutelelementen zijn van deze morbide seksualiteit, of geseksualiseerde dood. De fantasieën waarop Kochan masturbeert zijn uiterst complex: ze zijn vaak gebaseerd op klassieke verwijzingen, en zijn lange, barokke sequenties waarin onvervalste of onmiddellijke bevrediging van minder belang is dan de constructie van een denkbeeldig en het nadenken over de effecten van genot op het lichaam.

Dit nauwe verband tussen leven en verval, of tussen seksualiteit en dood, is geen nieuw concept. Freud bespreekt het in termen van twee tegengestelde impulsen die bekend staan als levensdriften en doodsdriften, en stelt dat onze levensdriften de vorm aannemen van een aantal onbewuste driften (eten, scheppen, voortplanten, enz.) die er uiteindelijk voor zorgen dat overleven onze eerste prioriteit is. Maar we ervaren ook doodsinstincten, die de vorm aannemen van een zeker verlangen om terug te keren naar een levenloze staat. Mishima's werk sluit aan bij dat Freud door te benadrukken dat deze twee impulsen onlosmakelijk met elkaar verbonden zijn.

Het duidelijkste voorbeeld van deze relatie tussen seks en dood is het beeld van *Sint Sebastiaan*. Mishima gaat in weelderige, suggestieve details in op de manier waarop het schilderij een zekere heidense esthetiek vertoont, ook al is het een katholieke heilige: het onderwerp lijkt vredig en lijkt volkomen tevreden met zijn lot, ondanks de vele pijlen in zijn lichaam zinken (en natuurlijk kunnen de pijlen worden geïnterpreteerd als fallische symbolen). Het beeld is zo dubbelzinnig dat de kijker niet eens zeker weet of de heilige kreunt van pijn of van plezier, en Mishima maakt optimaal gebruik van dit dualisme om de manier waarop Kochan voortdurend verscheurd wordt tussen deze twee uitersten te weerspiegelen.

VERDERE REFLECTIE

ENKELE VRAGEN OM OVER NA TE DENKEN...

- Beschrijf Kochan's persoonlijkheid. In hoeverre kun je in hem inleven?

- Welke aspecten van de moderne samenleving (drinken, roken, internet, televisie, enz.) kunnen volgens u in verband worden gebracht met de relatie tussen seks en dood, zoals die in deze roman wordt onderzocht?

- Aan welke ziekten lijdt Kochan, en hoe beïnvloeden die zijn persoonlijke wereldbeeld?

- Welke rol speelt het theater in de roman?

- Welke rol speelt oorlog in de roman?

- Wat denk je dat er gebeurt in Kochan's huidige leven terwijl hij de roman vertelt?

VERDER LEZEN

REFERENTIE-UITGAVE

Mishima, Y. (2007) *Confessions of a Mask*. Trans. Weatherby, M. Londen: Peter Owen.

REFERENTIESTUDIES

Freud, S. (1990) *Voorbij het Pleasure Principle*. Trans. Strachey, J. New York: W. W. Norton.

Lacan, J. (2001) De spiegeltrap als vormgever van de functie van het *ik*. *Écrits: Een selectie*. Trans. Sheridan, A. Abingdon: Routledge, pp. 1-8.

Nathan, J. (2000) *Mishima: Een biografie*. Boston: Da Capo Press.

Yourcenar, M. (2001) *Mishima: Een visie op de leegte*. Trans. Manguel, A. Chicago: University of Chicago Press.

ICONOGRAFISCHE BRONNEN

Sint Sebastiaan door Guido Reni. © Marie-Lan Nguyen.

*We horen graag van jou! Laat
een reactie achter op jouw online bibliotheek
en deel je favoriete boeken op social media!*

De uitgever garandeert de betrouwbaarheid van de gepubliceerde informatie, die echter niet onder zijn verantwoordelijkheid valt.

www.50minutes.com

Master ISBN: 9782808688963
Papier ISBN: 9782808610360
Wettelijk depot: D/2023/12603/1316

Omslag: © Primento

Digitaal ontwerp: Primento, de digitale partner van uitgevers.